Sina Nuêmo

Kinderhoroskop

Sina Nuêmo

Kinderhoroskop

"Sehnsucht des Lebens nach sich selbst"

Goldene Rakete Verlag für Belletristik

Imprint

Cover image: www.ingimage.com

Publisher:
Goldene Rakete Verlag für Belletristik
is a trademark of
International Book Market Service Ltd., member of OmniScriptum Publishing Group
17 Meldrum Street, Beau Bassin 71504, Mauritius

Printed at: see last page
ISBN: 978-620-2-44435-4

Inhaltsverzeichnis[1]:

[1] Vgl. Kinderhoroskop, Astrologische Deutung und Text Liz Green, Astrodienst AG, Version 1.12.

I. Einleitung:

Eure Kinder sind nicht eure Kinder.
Sie sind die Söhne und Töchter der Sehnsucht
des Lebens nach sich selbst.

Sie kommen durch euch, aber nicht von euch,
und obwohl sie bei euch sind,
gehören sie euch nicht.

Ihr könnte ihnen eure Liebe geben,
aber nicht eure Gedanken,
denn sie haben ihre eigenen Gedanken.

Ihr könnte ihren Körpern ein Zuhause geben,
aber nicht ihre Seelen, denn ihre Seelen leben im Haus der Zukunft,
das ihr nicht betreten könnt, nicht einmal in euren Träumen.

Ihr könnt versuchen, wie sie zu sein,
doch versucht nicht, sie euch gleichzumachen.
Denn das Leben geht nicht rückwärts, noch verweilt es beim Gestern.

- Kahlil Gibran, Der Prophet

II. Der psychologische Typus Ihres Kindes:

1. Ein Naturkind:

S. ist ein Kind von zutiefst erdhaftem, beständigem Wesen. Vermutlich wird sie schon von frühester Kindheit an eine lebhafte, sinnliche und gut angepasste Beziehung zur Welt des Konkreten zeigen. Doch sie besitzt auch eine starke Vorstellungsgabe, und so ist es wahrscheinlich, dass zwischen diesen beiden Seiten ihrer sich allmählich entwickelnden Persönlichkeit eine gewisse Spannung besteht. Gerade in Bezug auf diese Spannung könnten ihr das Verständnis und die Unterstützung der Menschen um sie herum sehr helfen. Vermutlich werden Sie feststellen, dass diese phantasiebegabte, aber unvorhersehbare Seite es für S. mit sich bringt, dass sie unter unerklärlichen Befürchtungen und Vorstellungen leidet. Vielleicht versucht sie, dies zu unterdrücken, indem sie sich noch intensiver darum bemüht, äußere Sicherheit herzustellen. So könnte sie etwa zu viel für die Schule tun, ihre Verpflichtungen zu Hause übertreiben oder ein übermäßiges Besitzverhalten in Bezug auf bestimmte Dinge oder Kleidungsstücke zeigen. Die Ängste sind keineswegs abnorm, sondern nur natürlich bei einem inneren Wesen, das zwei sehr verschiedene Begabungen aufweist. Es mag eine ganze Weile dauern, bis S. sich an diese Polarität gewöhnt hat, doch sie wird ihr helfen, sich zu einem vernünftigen und praktisch denkenden Kind zu entwickeln, das auch weiß wie es seine Ideen und kreativen Eingebungen verwirklichen kann. Es könnte sehr hilfreich sein, wenn Sie S. dazu ermuntern, ihre Ängste zu äußern – vielleicht auch beim Malen oder Zeichnen, falls sie nichts davon erzählen will. Wie merkwürdig oder irrational dies Ängste auch scheinbar sein mögen, eigentlich spiegelt sich darin eine besonders reiche Phantasie, die dieses Kind mit seiner bereits stark ausgeprägten Wahrnehmung der konkreten Wirklichkeit nur schwer vereinbaren kann. Während sie allmählich heranwächst und sich als unabhängiges Wesen zu sehen beginn, ist es besonders wichtig, dass Sie ihr helfen, diese beiden Seiten ihrer Natur zu verstehen. Da ihre Stärken vor allem in den ganz konkreten Lebensbereichen liegen, könnte S. ihre Phantasiebegabung leicht ignorieren. Stattdessen konzentriert sie sich möglicherweise auf körperliche Aktivitäten und darauf, möglichst gute Ergebnisse in der äußeren Welt zu erzielen. Auf die Erfordernisse des Lebens wird sie mit Intelligenz und Geduld reagieren. Sie wird die Notwendigkeit von Disziplin akzeptieren und es früh lernen, persönlichen Verpflichtungen nachzukommen. Die Gefahr dabei ist, dass diese Betonung der materiellen Wirklichkeit zu einem guten Mittel werden kann, die bei ihr sehr rege, aber manchmal bedrohliche Welt der Phantasie zu vermeiden, die in Wirklichkeit dringend Bestärkung und Ausdruck braucht. S. ist insgeheim eine Träumerin, die aber nach außen hin eher den Eindruck eines aktiven und praktisch denkenden Kindes erweckt. Wahrscheinlich wird sie lange Zeit nicht wissen, welche dieser beiden Seiten ihrer Persönlichkeit wirklich ihre eigene ist. Doch mit dem Verständnis und der Unterstützung der Menschen in ihrer Nähe wird sie im Laufe ihrer Entwicklung lernen, dass beide Seiten gleichermaßen lohnend sind. S.s Wesen zeichnet sich auch durch eine vielseitige Sinnlichkeit aus. Wahrscheinlich ist sie schon von klein auf sehr empfänglich für Schönheit und Harmonie. Es ist wichtig, dass sie eine Umgebung erleben kann, in der Ordnung und heitere Ruhe vorherrschend sind. Körperliche Geschicklichkeiten wird sie schnell erlernen, denn ihre Bewegungsabläufe zeigen eine angeborene Koordiniertheit und Eleganz. S. wird schon früh Spaß und Vergnügen an Musik und Rhythmus finden. Das gilt auch für die Natur – wahrscheinlich hätte sie große Freude am Umgang mit einem Haustier. Chaos und

Aufruhr in der Umgebung könnten sich als äußerst störend für sie erweisen, denn sie neigt zu Angstvorstellungen, die sehr leicht durch jegliche Brüche oder plötzliche Veränderungen ausgelöst werden können. Wenn sie sich ängstlich fühlt, braucht sie zur Wiederherstellung von Ordnung und Selbstvertrauen das zuverlässige Erfüllen häuslicher und schulischer Pflichten. Gerade durch ihre Beziehung zur physischen Welt kann sie ihr Gefühl der Zuversicht, der Unabhängigkeit und der Sicherheit erneuern. Ist dieser starke Bezug zur konkreten Wirklichkeit erst einmal entwickelt, so wird er ihr helfen, mit all den wilden Befürchtungen und Vorstellungen zurechtzukommen, die sie wohl von Zeit zu Zeit erschrecken. Doch die Mischung muss sanft und ausgewogen sein: Zuviel Disziplin zu früh wird dazu führen, dass S. die innere Welt völlig ausschließt; zu wenig Disziplin wird dazu führen, dass sie sich unwohl, ängstlich und unsicher fühlt.

2. Äußere und innere Welt stoßen zusammen:

Da S. höchst empfindsam für alles ist, was um sie herum vorgeht, wird sie schon von klein auf intuitiv die Erwartungen spüren, die Eltern und andere Familienmitglieder bewusst oder unbewusst auf sie richten. Ihr Wesen ist von Natur aus hilfsbereit und gewissenhaft, und daher bemüht sie sich wahrscheinlich besonders, anderen gefällig zu sein. dies ist eine nette Eigenschaft, die ihr unweigerlich Wertschätzung und Zuneigung einbringen wird. Doch sie könnte auch einfach als gegeben hingenommen oder sogar missbraucht werden, wenn man vergisst, dass sie keine kleine Erwachsene ist, sondern ein Kind, das die Zeit zum Spielen braucht. Wenn S. Geschwister hat, so ist sie vielleicht sehr gern dazu bereit, sich um sie zu kümmern. Dabei zeigt sie einen wunderbaren Beschützerinstinkt, der sich auch auf Tiere und Pflanzen erstrecken kann. Doch diese Neigung, sich um andere – und sogar um ihre Eltern – zu kümmern, wenn sie bei ihnen Traurigkeit oder Verärgerung spürt, könnte in Konflikt mit ihrem genauso wichtigen Bedürfnis geraten, die große Vorstellungskraft zu äußern, die in ihrem Inneren arbeitet. Wenn man zu früh zu viel Reife und Disziplin von S. erwartet, wird sie zweifellos versuchen, dem zu entsprechen und den Menschen in ihrer Umgebung zu geben, was sie brauchen. Dies aber würde ihre beträchtliche kreative Begabung ersticken. Im Laufe ihrer Entwicklung sind kreative Hobbys von grundlegender Wichtigkeit, um S. Möglichkeiten zu bieten, sich phantasiehaft selbst auszudrücken und sich emotional abzureagieren. Zeigt sie ein eindeutiges Interesse an einer bestimmten kreativen Tätigkeit, so wäre es eine große Hilfe, wenn sie darin bestärkt würde. Vielleicht zeigt sie eine gute Körperbeherrschung, in der sich ein sportliches oder tänzerisches Talent andeutet, oder vielleicht liebt sie die Natur und sehnt sich danach, sie zu erforschen. Da S. sich wahrscheinlich zu einem zutiefst verantwortungsbewussten und anteilnehmenden Kind entwickeln wird, braucht man wohl kaum zu befürchten, dass sie das Leben und andere Menschen auf die leichte Schulter nehmen wird. Doch es besteht eine echte kreative Begabung, die nicht übersehen werden sollte, weder von anderen noch von S. selbst. Sie ist ein Kind mit einem sehr vielschichtigen, faszinierenden Wesen und einer seltenen Verbindung praktischer Fähigkeiten mit großer Phantasie.

II. Wesentliche Persönlichkeitsanteile:

1. Ein Kind, das will, dass man es braucht:

S. besitzt ein sehr offenherziges Wesen und empfindet tiefes Mitgefühl für andere. Während ihrer Kindheit wird sie wahrscheinlich mehr damit beschäftigt sein, sich um alle und alles in ihrer Nähe – besonders um jüngere Geschwister, Haustiere und Verirrte aller Art, seien es Tiere oder Menschen – zu kümmern als um sich selbst. Zu Beginn der Jugend wird sie sich allmählich zu einer hilfreichen, fürsorglichen und recht unscheinbaren Persönlichkeit entwickelt haben. Für die Menschen, die sie liebt, würde sie alles tun, und vielleicht lässt sie sich eine Menge Spötteleien und Schikanen von Geschwistern und Gleichaltrigen gefallen, ohne sich dafür zu rächen. Wie verletzt und enttäuscht sie auch sein mag, wahrscheinlich ist sie weiterhin freundlich zu den Menschen in ihrer Nähe. Anders als aggressive Kinder hat S. wenig Vergnügen daran, die Eltern auf die Probe zu stellen oder anderen ihren Willen aufzuzwingen. Im Mittelpunkt ihres Lebens stehen andere Menschen, und sie wird alles nur Erdenkliche tun, um sich ein gewisses Zusammengehörigkeitsgefühl zu bewahren. Sie neigt auch wenig dazu, sich gewaltsam in den Mittelpunkt zu stellen. Wahrscheinlich ist es ihr lieber, eine Rolle hinter den Kulissen zu spielen – still, hilfsbereit, anspruchslos und wirklich glücklich, wenn dem Bruder, der Schwester oder einem Freund etwas glückt. Auch in die Gruppen innerhalb der Schule wird sie sich gut einfügen, und zu Hause könnte sie die Rolle der Vermittlerin übernehmen, wenn es zwischen den Eltern oder unter den Geschwistern zu Streitigkeiten kommt. Sie nimmt Rücksicht auf die Gefühle anderer und besitzt großes angeborenes Taktgefühl. Vor allem aber liebt es S., wenn andere sie brauchen, denn dann fühlt sie sich lebendig, mit einbezogen und wichtig. Wenn sie älter wird, mag sie einen gewissen Mangel an innerer Spannkraft zeigen, weil sie dazu neigt, sich auf Kosten ihrer eigenen Identität mit anderen zu identifizieren. Sie kann sich nicht gut gegen die Forderungen anderer wehren, denn sie hasst das Gefühl der Isoliertheit, das jede Bekundung ihrer eigenen Wünsche begleitet. Vielleicht müssen die Eltern sie dazu ermutigen, für sich selbst einzustehen, denn zuweilen mag es den Anschein haben, als würde sie es lieber ertragen, verletzt und ausgebeutet zu werden, als unabhängig und nicht verletzt, aber einsam zu sein.

2. Die Schwierigkeit, ein getrenntes Einzelwesen zu sein:

S. ist so sehr auf die emotionalen Anforderungen anderer eingestellt, dass es manchmal den Anschein haben mag, als besäße sie keine klar umrissene eigene Identität – sie wird zu dem Menschen, dem sie gerade nahe ist. Diese chamäleonartige Eigenschaft ist keine Verstellung mit dem Ziel, anderen zu gefallen, sondern spiegelt eher ein subtiles seelisches Verschmelzen mit der Persönlichkeit anderer wider. Sie empfindet sich nicht als getrennt von den Menschen, die sie liebt, und sie will diesen Zustand auch nicht erleben, weil diese Erfahrung so beängstigend kalt und einsam ist. Wie die meisten Begabungen kann auch S.s seelische Nachgiebigkeit sowohl ein Vorteil als auch ein Nachteil für sie sein. Sie besitzt ein seltenes Maß an Mitgefühl und instinktiver Einsicht, um das viele Erwachsene sie beneiden würden, und sie kann mit ihrem großen Einfühlungsvermögen und Verständnis eine merkwürdige heilsame Wirkung auf die Menschen in ihrer Nähe ausüben. Da sie auch sehr phantasiebegabt ist, kann sie sich in die Lebensumstände eines anderen Menschen versetzen, sehr tolerant sein und die Verschiedenheit anderer ehrlich akzeptieren. Doch vielleicht übertreibt sie es gelegentlich mit ihrem Eingehen auf die Traurigkeit und Bedürftigkeit anderer, besonders wenn es innerhalb der Familie Streit gibt oder wenn Eltern oder Geschwister Trauer und Schmerz empfinden. Solche emotionalen Stimmungen können S. leicht überfordern, denn vielleicht versucht sie dann, sich eine Verantwortung aufzubürden, die auch für jeden anderen jungen Menschen viel zu groß wäre. Achten Sie darauf, dass Sie ihr instinktiv mitfühlendes Verhalten nicht ungewollt ausbeuten. Sie braucht die Nähe anderer Menschen, aber man darf sie nicht zu einer kleinen Mutter machen, nur weil ihre wirklichen Eltern sonst nicht wissen, wie sie zurechtkommen sollen. Es ist nicht ratsam, das Wort egoistisch als Mittel zu benutzen, um sie zur Ordnung zu rufen, denn sie sorgt sich ohnehin schon allzu sehr darum, ob sie nicht zu egoistisch ist. Das Wort ist in jedem Fall eine Heuchelei, denn meistens bezeichnet man damit jemanden, der einfach macht, was er will – und nicht das, was man von ihm erwartet. Wollte man solche manipulativen Methoden auf S. anwenden, so würde man damit ihr Selbstwertgefühl untergraben und ihr letztlich nur beibringen, wie sie selbst ebenso manipulativ vorgehen kann. Doch auch ohne solchen Druck ist sie sehr liebevoll und einfühlsam. Wenn ihr die Eltern etwas mitteilen wollen, sollten sie das offen und ehrlich tun, ohne sie unbewusst für ihr eigenes Glück verantwortlich zu machen – sie hat sowieso schon Verantwortungsbewusstsein genug. Stattdessen muss sie entdecken, dass sie spontan, selbstsicher und direkt sein kann, ohne die Liebe und Zuneigung der Menschen in ihrer Nähe zu verlieren.

3. Durch Kritik verwundbar:

S. ist sehr liebevoll und liebenswürdig, ausgesprochen treu in ihrer Zuneigung und zutiefst in ihrem Zuhause und in ihrer Familie verwurzelt. Manchmal braucht sie so dringend Nähe, dass sie andere nicht gehen lassen kann. Sie ist reichlich subjektiv und kann sich hartnäckig weigern einzusehen, dass die Müdigkeit, die Gereiztheit oder das Bedürfnis der Eltern nach etwas Zeit für sich allein ganz einfache Tatsachen und keineswegs Anzeichen dafür sind, dass sie sie nicht mehr lieben. Möglicherweise zeigt sich ein ähnlich besitzergreifendes Verhalten gegenüber Geschwistern und Schulfreunden. Sie neigt dazu, einen oder zwei besonders enge Freunde oder Freundinnen zu haben, mit denen sie alle ihre Geheimnisse teilt, und deshalb könnte sie sich in einer größeren Gruppe von Kindern unbehaglich fühlen, wenn ihre Freunde nicht dabei sind, um sie zu beschützen. Für diese geliebten Menschen wird sie alles tun, doch dafür erwartet sie auch eine sehr beständige und treue Zuneigung. So werden bestimmte Verletzungen und Enttäuschungen im Laufe ihrer Kindheit unvermeidlich sein, denn früher oder später werden auch die liebevollsten Eltern, Freunde oder Freundinnen etwas sagen oder tun, das für ihr Gefühl zu individuell und unabhängig ist. Helfen Sie S., in ihren Anschauungen über andere Menschen objektiver zu werden. Obwohl sie ein tiefes Mitgefühl für das Unglück anderer empfindet, kann sie nur schwer verstehen, dass nicht alle das gleiche Maß an Nähe brauchen wie sie selbst. Sie kann sich zuweilen enorm selbst bemitleiden oder bereits angesichts kleinerer Enttäuschungen abgrundtief schmollen. Auch versteht sie sich meisterhaft darauf, düstere Stimmungen zu erzeugen, denen man sich nicht leicht entziehen kann – auch dann nicht, wenn man sich in einem anderen Raum aufhält als sie. Wenn sie allzu offensichtliche

Manipulation betreibt, um Freunde oder Familienangehörige an sich zu binden, sollten Sie ihr verstehen helfen, dass die Leute für gewöhnlich zurückkommen, wenn man sie gehen lässt – und wenn sie es nicht tun, werden sie sich auch durch emotionale Erpressung nicht dazu zwingen lassen. S. muss im Laufe ihres Heranwachsens lernen, distanzierter zu sein. Doch sollte man auch die Reichhaltigkeit und Tiefe ihres intensiven und subtilen emotionalen Wesens respektieren. Sie nimmt Beziehungen nicht auf die leichte Schulter, und ihre Gefühle sind alles andere als seicht oder unbeständig. Wenn Sie ihr etwas versprochen habe, halten Sie Ihr Versprechen. Vor allem enttäuschen Sie sie niemals, indem Sie vor anderen über sie spotten oder mit jemand gemeinsame Sache gegen sie machen. Spott und Kritik – besonders in Gegenwart anderer – könnten sie schwer verwunden, denn ein solches Verhalten stellt einen echten Verrat dar. Wenn ihr die Außenwelt allzu hart und kalt vorkommt, gibt es für ihr verletzbares Wesen nichts heilsameres als die Gewissheit, zu Hause geliebte Menschen zu haben, die immer für sie eintreten werden.

4. Intensive und leidenschaftliche Gefühle:

Stille Wasser sind tief, heißt es, und das gilt auch für S.. Sie bindet sich sehr stark an die Menschen, die sie liebt, und aufgrund der Fixiertheit ihrer Gefühle braucht sie sehr lange, um sich von einer Verletzung oder Ablehnung wieder zu erholen. Kleinere Vorhaltungen, die andere Kinder einfach wieder abschütteln würden, können einen brütenden Groll bei ihr hinterlassen. Ihr Zorn wird sich meist nicht in Temperamentsausbrüchen oder Wutanfällen äußern, sondern eher als jene düstere und beleidigte Stimmung durchdringen, die sie so trefflich zu erzeugen weiß. Doch sie kann auch eine heilsame Atmosphäre gelassener Heiterkeit verbreiten, und sie erinnert sich an Freundlichkeiten und Zuneigung ebenso ausdauernd lange wie an Verletzungen. S. kann andere von ganzem Herzen lieben, und sie bemüht sich sehr, diejenigen zu beschützen, denen sie zugetan ist. Obwohl ihr Auseinandersetzungen ein Gräuel sind, wird sie sich tapfer für jüngere Geschwister einsetzen. Ebenso ist es durchaus möglich, dass sie selbst dem Schultyrannen mutig die Stirn bietet, wenn ein Freund verletzt oder belästigt wird. Was immer sie will, das will sie mit ihrem ganzen Wesen, und das betrifft nicht nur Menschen, sondern auch hochgeschätzte Gegenstände und sogar Studiengebiete, die ihr Herz und ihre Phantasie berühren. Es gibt nicht Lauwarmes oder Halbherziges an S.. Ihre Neigung, sich sehr schnell verletzt, zurückgewiesen und drangsaliert zu fühlen, wird besonderes Verständnis und Unterstützung von den Eltern verlangen. Es fällt S. sehr schwer, einen Schritt zurückzutreten und das Verhalten anderer etwas distanzierter zu sehen, denn ihre Gefühle sind ebenso stark wie subjektiv. Es kann sehr hilfreich sein, sie zu emotionaler Ehrlichkeit anzuhalten, aber man darf dies nicht von ihr erwarten, solange die Eltern und die übrigen Familienmitglieder nicht ebenfalls dazu bereit sind.

Sobald sie in Worte fassen kann, was sie fühlt, sind regelmäßige Gespräche sehr wichtig. Obwohl man ihre Privatsphäre und das Bedürfnis, gelegentlich einmal ein Geheimnis für sich zu behalten, respektieren sollte, wird sie doch gerne Unterhaltungen führen, die auf die tieferen Hintergründe menschlichen Verhaltens – und auch ihres eigenen – eingehen. Persönlichen Beziehungen misst sie enorme Bedeutung bei, und möglicherweise zeigt sie viele frühreife Einsichten in die Motivation anderer, die für etwas oberflächlichere Eltern sehr überraschend sein könnten. Wenn sie mehr Verständnis dafür entwickelt, warum andere Menschen sich so verhalten, wie sie es tun, wird sie nicht mehr so sehr dazu neigen, jede kleine Enttäuschung persönlich zu nehmen. Durch einen solchen Austausch kann sie auch lernen, ihre Bedürfnisse und Gefühle offen zu äußern, anstatt Beleidigtsein und körperliche Symptome als Mittel dafür einzusetzen. Je ehrlicher und offener die Verständigung zwischen den einzelnen Familienangehörigen ist, desto leichter wird es S. fallen, ausgeglichen und redlich mit ihrer eigenen Intensität umzugehen.

5. Indirekte Äußerungen eines starken Willens:

Trotz ihrer sanften und sympathischen Art besitzt S. beträchtliche Entschlusskraft und Willensstärke. Doch wenn sie älter wird, werden sich diese kraftvollen Eigenschaften wahrscheinlich nicht mehr offen zeigen, denn sie ist zu sehr auf Harmonie und Nähe angewiesen, um eine Ablehnung zu riskieren. Folglich wird ihr starkes Verlangen vermutlich in den Untergrund abgedrängt und macht sich nur noch indirekt an der Oberfläche bemerkbar. Vielleicht verbündet sie sich mit aggressiveren Kindern, wobei sie scheinbar die Rolle eines Bewunderers spielt, in Wirklichkeit aber das andere Kind dazu benützt, seine Kämpfe für sie auszufechten. Diese Methode könnte sie bei Geschwistern und auch bei den Eltern anwenden, die vielleicht nicht wissen, wie stark ihr Wille tatsächlich ist. Die Eltern sollten daher vorsichtig sein, wenn sie feststellen, dass sie immer wieder untereinander oder mit anderen Familienangehörigen streiten und sich dabei für S. starkmachen. Sie kann durch den subtilen Einsatz ihrer unterdrückten Wut auch andere zu aggressivem Verhalten provozieren; in einem solchen Fall versucht sie zu erreichen, was sie will, indem sie sich selbst als Opfer hinstellt und dafür sorgt, dass jemand anders Schwierigkeiten bekommt. Das könnte sich als ein problematisches Verhaltensmuster erweisen, das nur mit der Hilfe und Einsicht der Eltern zu durchbrechen ist. Sie geht bei diesen Dingen nicht absichtlich oder bewusst vor, sondern bedient sich ihrer instinktiven Fähigkeit, die empfindlichen Stellen anderer zu manipulieren, so dass sie ihren eigenen emotionalen Bedürfnissen dienen. Ihre Ausdauer, ihre Entschlossenheit und ihre angeborene Weisheit in Bezug auf die Menschen sind wunderbare Gaben, und trotz ihrer Empfindlichkeit brauchen sich die Eltern nie darum zu sorgen, ob sie wohl in der großen, weiten Welt überleben wird. Sie ist viel widerstandsfähiger, als man ihr ansieht. Doch vielleicht braucht sie taktvolle Hilfe, um sich mit jener subtileren Seite ihres Wesens auseinanderzusetzen, die sowohl destruktiv als auch schöpferisch eingesetzt werden kann. Je mehr sie sich ihrer eigenen Motive und Bedürfnisse bewusst wird, desto besser wird sie dazu in der Lage sein, ihre Stärken konstruktiv einzusetzen.

6. Ein sympathisches und verletzbares Wesen:

So ist S. sehr intensiv in ihren emotionalen Bedürfnissen und ausdauernd in ihrem Wunsch, sich die Nähe zu jenen Menschen zu bewahren, die sie liebt. Doch vielleicht zeigt sie ihre Stärke nur ungern offen und zieht es vor, eine Hilflosigkeit und Verletzbarkeit an den Tag zu legen, die – wenngleich häufig echt empfunden – auch sehr wirksame Mittel sind, um ohne aggressive Forderungen die nötige Zuneigung und Unterstützung zu bekommen. Sie zeigt große seelische Tiefe und erspürt alle emotionalen Nuancen in der Stimmung um sie herum – vor allem jene, die andere gern verbergen möchten. Außerdem hat sie ein instinktives Mitgefühl für andere Menschen, besonders wenn sie leiden oder unglücklich sind. So verletzbar und empfindlich sie manchmal auch sein mag, besitzt sie doch auch eine überraschende Spannkraft. Trotz ihrer Neigung, schon kleinere Enttäuschungen als Weltuntergang anzusehen, ist sie emotional überaus tolerant und wird getreulich und ohne Ansehen ihrer Fehler jene verteidigen, die sie liebt. Ihre emotionale Welt steht für sie im Mittelpunkt, und daran wird sich wahrscheinlich auch nichts ändern, wenn sie älter wird, denn für sie sind andere Menschen die eigentliche Quelle von Glück und Erfülltheit. Da S. die Gefühle anderer so deutlich wahrnimmt, wird sie trotz ihrer Verletzbarkeit immer obenauf sein und den Herausforderungen des Lebens mit Weisheit und einem feinen Unterscheidungsvermögen begegnen. Helfen Sie ihr, objektiver zu werden und sich ehrlicher auszudrücken, und sie wird Sie mit ihrer unerschütterlichen Treue und ihrem mitfühlenden Herzen belohnen.

7. Verborgene Zähigkeit und Widerstandskraft:

Doch bei S. täuscht der Augenschein etwas. Sie ist viel widerstandsfähiger, zäher und selbstbezogener, als sie zeigen will oder kann – ihr heimliches Unabhängigkeitsbedürfnis steht in direktem Widerspruch zu ihrer deutlicher sichtbaren Abhängigkeit von anderen. Diese verborgene Seite ihres Wesens könnte ein großer Vorteil sein, denn sie kann ihr den nötigen Biss und die Festigkeit geben, um ihre große emotionale Verletzbarkeit auszugleichen. So umfasst ihre Persönlichkeit eine komplizierte, aber letzten Endes äußerst positive Verbindung verschiedener Anteile. Doch möglicherweise hat S. im Laufe ihrer Entwicklung unter Konflikten zu leiden, denn es mag ihr schwerfallen, ihr Bedürfnis nach anderen Menschen mit dem Drang zu verbinden, ihr Leben selbst in die Hand zu nehmen. Sich fürchtet sich sehr davor, einsam und von anderen getrennt zu sein, und deshalb übertreibt sie manchmal ihre Neigung, andere zu beschwichtigen. Da sie wirklich freundlich und schnell bereit ist, sich selbst zugunsten anderer hintanzustellen, muss sie unbedingt auch ihre härteren Seiten entwickeln – denn nur so kann sie sich den nötigen Realismus aneignen, um alleine zurechtzukommen. Eltern und Familienangehörige können sehr viel tun, um ihr die Unterstützung zu bieten, mit deren Hilfe sie zwischen ihren widerstreitenden Persönlichkeitsanteilen Frieden stiften könnte. Doch diese Unterstützung kann nur aus einem Klima emotionaler Ehrlichkeit innerhalb der Familie erwachsen. Vielleicht müssen sich die Eltern zunächst einmal mit dem Problem ihrer eigenen seelischen Unabhängigkeit auseinandersetzen, wenn sie S. das Verständnis entgegenbringen wollen, das sie verdient. Sie ist tiefgründig und kompliziert, und sie besitzt große Reichtümer an Herz und Seele. Die Auseinandersetzung mit so grundlegenden menschlichen Themen lohnt sich, denn nur so kann man ihr die Ermutigung und Bestärkung geben, die sie braucht.

8. Das heimliche Bedürfnis, die Beste zu sein:

Oft wird es den Anschein haben, als sei S. stets bereit und darauf bedacht, auf andere einzugehen und sie glücklich zu machen. Aber es verbirgt sich ein hitziger, wettkämpferischer Geist in ihr, der nicht recht zu solchen Kompromissen passen will. S. ist äußerst eigenwillig und sehnt sich danach, an erster Stelle zu stehen und die Beste zu sein. Wenn sie aus dem Säuglingsalter heraus ist, wird es ihr wahrscheinlich immer schwerer fallen, diese Gefühle zu äußern, weil sie ein so großes Bedürfnis nach der Liebe und Zuneigung anderer hat. Ihr wettkämpferischer Geist muss zum Vorschein gebracht und von den Eltern, Familienangehörigen und Lehrern gefördert werden. Sie sollte lernen, mit der Einsamkeit und Isolation zurechtzukommen, die ein Sieg und der unweigerlich damit verbundene Neid anderer Kinder bewirken können. Sonst sucht sie vielleicht ständig, ihre Fähigkeiten und Wünsche zu unterdrücken und jeder Herausforderung aus dem Weg zu gehen, bei der sie sich hervortun könnte. Das käme einer Verschwendung ihrer Talente gleich und könnte später sehr viel Ärger und Eifersucht bei ihr verursachen. Ihre Frustration wird sich früher oder später ein Ventil suchen, so dass sie unbewusst jene Menschen zu provozieren beginnt, die sie am meisten liebt. Vielleicht stellen die Eltern fest, dass sie ihr gegenüber unerklärbar gereizt und verärgert sind, obwohl sie selbst scheinbar überhaupt nicht aggressiv ist; dann sollten sie ihr helfen, den Grund für ihre unterdrückte Wut festzustellen, und sie sollten sie ermutigen, in dieser Hinsicht offener zu sein. Wahrscheinlich kommt es bei S. im Verlauf ihrer Kindheit zu beträchtlichen inneren Konflikten, denn wenn sie ihren feurigen, eigenwilligen Geist entfesselt, wird das früher oder später auch bedeuten, jemanden zu beleidigen oder zu verletzen. Doch wenn sie versucht, diesen Geist gewaltsam zu unterdrücken, wird sie ihn sehr wahrscheinlich auf indirekte Art und Weise äußern, mit der sie den Zorn anderer ebenso unausweichlich provoziert wie mit offen geäußerter Aggression. Jedes Anzeichen dafür, dass Geschwister, Gleichaltrige oder Lehrer auf ihr herumhacken, sollte die Eltern darauf aufmerksam machen, dass S. möglicherweise allzu vieles unterdrückt. Ihre stärkeren, unabhängigen Eigenschaften müssen von der Familie unterstützt werden, damit sie lernen kann, diese verborgene Seite ihrer Persönlichkeit mit ihren sanfteren, zurückhaltenderen Wesenszügen zu vereinbaren. Ihr wettkämpferischer Instinkt ist an sich sehr gesund und stellt einen großen Vorteil für ihre Persönlichkeit dar – vorausgesetzt, dass sie ihn auf redliche Weise und direkt äußern kann. Sportarten, bei denen sie als Mannschaftsmitglied an Wettkämpfen teilnehmen kann, wären eine konstruktive Art und Weise, diese Gefühle positiv zu äußern. Eine andere, ebenso wertvolle Möglichkeit wäre irgendein kreatives Medium, denn wenn sie es in einem solchen Bereich zu etwas bringt, könnte sie damit ihrem Bedürfnis entsprechen, sich hervorzutun und bemerkt zu werden, dabei aber der Schwierigkeit einer direkten Auseinandersetzung mit anderen aus dem Weg gehen.

9. Die Schwierigkeit, Aggressionen auszudrücken:

Die Äußerung von Aggressionen mag eine schmerzliche Angelegenheit für S. sein, denn sie hat große Angst vor wütenden Auseinandersetzungen mit anderen. Streitigkeiten hinterlassen immer eine unterkühlte oder aufgewühlte Stimmung, die erst nach einiger Zeit wieder abklingt, wie sehr man sich sonst auch lieben mag. S. findet solche Stimmungen überaus quälend und angsterregend. Doch in Wirklichkeit ist ihr Temperament recht explosiv und ihr Wunsch, den eigenen Kopf durchzusetzen, sehr stark. In der frühen Kindheit wird sie durchaus zu einigen recht gesunden Temperamentsausbrüchen in der Lage sein. Später wird sie ihre aggressiven Gefühle wahrscheinlich immer mehr unterdrücken, denn sie fürchtet sich vor ihren Auswirkungen auf die Atmosphäre emotionaler Nähe, die sie so dringend braucht. Vieles von ihrer Kratzbürstigkeit geht einfach auf einen Überschuss an Energie zurück, und deshalb braucht sie sehr viel körperliche Aktivität, bei der diese Energie auf direktem Wege umgesetzt werden kann. Doch vielleicht hat sie ein zu geringes Selbstvertrauen oder ist zu ängstlich für solche Aktivitäten. Sie sollte sich viel im Freien aufhalten und schwimmen oder lange Wanderungen machen, und sie muss ihre Umgebung auf ihre eigene Art und Weise entdecken, um herauszufinden, dass sie mutiger und ausdauernder ist, als sie vielleicht gedacht hätte. Da S. von vorneherein dazu neigt, sich auf die Bedürfnisse anderer einzustellen, sollten Sie ihr nicht mehr emotionale Verpflichtungen auferlegen, als gut für sie ist – auch wenn es den Anschein haben mag, als sei sie durchaus dazu bereit. Sie ist nicht die Seelsorgerin der Familie und muss ihre Aggressionen offen, ehrlich und ohne Schuldgefühle äußern können. Besonders destruktiv wäre es, wenn die Eltern sie emotional manipulieren und ihr Bedürfnis nach Nähe unbewusst ausnützen würden, indem sie ihre Liebe von Bedingungen abhängig machen und sie entweder geben oder verweigern – je nachdem, ob sie macht, was man von ihr erwartet, oder nicht. Obwohl S. scheinbar recht anpassungsfähig ist, würde sie solche Methoden als gewaltsames Eindringen empfinden, und das unvermeidliche Ergebnis wäre ein lang anhaltender Groll. Die Familienmitglieder sollten ihr berechtigtes Unabhängigkeitsbedürfnis erkennen und achten – auch wenn sie diese Unabhängigkeit gar nicht gern beansprucht. Dann wird sie in der Lage sein, ihren Frieden mit dieser kraftvollen und überaus positiven Seite ihres Wesens zu machen, ohne ständig befürchten zu müssen, auf diese Weise die Liebe der anderen zu verlieren.

10. Emotionale Ehrlichkeit ist wichtig:

Eltern können nicht die Psychoanalytiker ihrer Kinder sein, und jeder massive Versuch, S.s emotionale Innenwelt zu erforschen, würde nur dazu führen, dass ihre machtvollere Seite sich noch weiter in den Untergrund zurückzieht. Sie braucht ihre Privatsphäre und das Recht, Geheimnisse für sich zu behalten. Wahrscheinlich fällt es ihr schwer, ähnlich offen wie andere Kinder über ihre Gefühle zu sprechen. Worte sind nicht ihr natürliches Medium, denn sie gestaltet ihre Beziehungen zu anderen mit sehr viel subtileren Mitteln. Trotzdem ist Kommunikation von entscheidender Bedeutung, wenn man ihr helfen will, sich mit dem aggressiven, eigenwilligen, doch von Natur aus sehr gesunden und positiven Geist anzufreunden, der sich unter der Oberfläche ihrer nachgiebigen und aufnahmebereiten Persönlichkeit verbirgt. S. wünscht sich zutiefst, gut zu sein – doch solange sie noch nicht alt genug ist, um ihre eigenen Wertvorstellungen zu entdecken und zu formulieren, wird sich ihr Bild davon, was gut ist, stark an das der anderen Familienmitglieder anlehnen. Deshalb ist es wichtig, dass sich die Eltern des verborgenen Terminkalenders der Familie – der unausgesprochenen und oft unerkannten Erwartungen, die jeder an andere stellt – möglichst deutlich bewusst sind. S. empfindet ein instinktives Mitgefühl für andere und weiß meist, was diese fühlen. Doch man sollte sie nicht allzu früh mit allem möglichen belasten, denn ihre unmittelbare Reaktion auf das Leid anderer ist der Versuch, ihnen mit ihren begrenzten Mitteln zu helfen – auch wenn das bedeutet, ihre eigenen Bedürfnisse zu opfern. Schätzen und bewahren Sie diese liebenswürdige Eigenschaft, und versuchen Sie, sie nicht auszubeuten. Ermutigen Sie sie dazu, nicht nur andere Menschen, sondern auch sich selbst zu lieben, denn sie verdient es ebenso sehr wie jeder andere.

11. Ein Kind, das sich um andere kümmert:

Obwohl S. ein Kind ist, ist sie doch auch in vieler Hinsicht eine geborene Mutter, die instinktiv dazu neigt, alles zu beschützen, was jung und hilflos ist oder Schmerzen leidet. In den ersten Lebensmonaten zeigt sich dieses Mitgefühl als ein Verständnis für die Atmosphäre in ihrer Umgebung, das fast an Telepathie grenzt. Wenn unter den Familienmitgliedern verdeckte Konflikte oder unausgesprochene Feindseligkeiten bestehen, wird sie das spüren und ihr Unbehagen darüber zeigen. Doch wenn sie älter wird, wird sie die Ursache dieser Gefühle allmählich immer besser erkennen und als unmittelbare Reaktion Hilfe oder Trost anbieten wollen – auch wenn das einfach nur bedeutet, zu jemandem, von dem sie weiß, dass er unglücklich ist, hinzugehen und ihn zu umarmen. S. kann bereits in einem sehr frühen Altern ein erstaunliches Maß an echter Zärtlichkeit und Fürsorge zeigen. Das bedeutet allerdings nicht, dass sie ein kleiner Engel ist, der niemals schmollt, keine Anfälle bekommt, keine emotionalen Ausbrüche liefert und sich auch keiner kleinen Manipulationen bedient. Vielmehr wird schon das geringste Gefühl, abgelehnt oder vernachlässigt zu werden, zu einem übertrieben starken Protest führen, weil sie alles furchtbar persönlich nimmt. Vielleicht kommt sie langsamer als viele andere Kinder zu dem Punkt, an dem sie über ihr eigenes Bedürfnis nach Nähe hinaussehen kann und erkennt, dass die Eltern oder Geschwister einfach etwas Bewegungsfreiheit und Zeit für sich selbst brauchen. Doch diese überaus subjektiven Stimmungen werden wahrscheinlich sehr schnell verschwinden, sobald ein gewisses Gefühl der emotionalen Einheit wiederhergestellt ist. Für S. wird die Erfahrung der Nähe zu geliebten Menschen immer unverändert im Mittelpunkt ihres Lebens stehen.

12. Heiterkeit, Beständigkeit und Zuneigung:

S. hat denen, die sie liebt, sehr viel Beständigkeit, Einsicht und Mitgefühl zu bieten. Als geborene Vermittlerin kann sie in ihrer stillen Art oft die emotionale Bindekraft liefern, die die Familie auch dann zusammenhält, wenn es zu Konflikten kommt, die zwischen den einzelnen Mitgliedern der Familie Feindseligkeiten und Entfremdung bewirken könnten. Ihr einfühlsames und aufnahmebereites Wesen wird den Bedürfnissen und Gefühlen anderer immer zugänglich sein, und sie ist wie ein Barometer, das die emotionales Stimmung in ihrer Umgebung getreulich wiedergibt. Von Natur aus ist sie nicht besonders überschwänglich oder selbstsicher, und deshalb zieht sie vielleicht nicht so viel Aufmerksamkeit auf sich oder erregt so großes Aufsehen, wie es bei anderen, deutlich extravertierten und eigenwilligeren Kindern der Fall sein mag. Dafür machen sie ihre stillen Herzensgaben und ihre ungewöhnliche Vorstellungskraft zu einer ganz besonderen Persönlichkeit, auf die letzten Endes viele Menschen bauen werden. Vielleicht fehlt es S. manchmal etwas an Zuversicht, besonders wenn sie von aggressiveren Geschwistern in den Schatten gestellt wird. Sie mag nicht immer in der Lage sein, ihre Gedanken und Gefühle in Worte zu fassen, und deshalb könnte ihre subtile Begabung entweder einfach als gegeben hingenommen oder sogar übersehen werden. Wenn sie älter wird, wird sie das Leben irgendwann vor die Aufgabe stellen, größere emotionale Unabhängigkeit zu erlangen, denn sie neigt dazu, ihre Sicherheit und den Sinn ihres Lebens fast ausschließlich in der Verschmelzung mit anderen zu suchen. Wenn Sie ihr helfen wollen, dieser Herausforderung würdig und mutig zu begegnen, sollten Sie ihr echten Respekt und ein tiefe Wertschätzung entgegenbringen: für ihre großzügige Herzensgüte, für ihr instinktives Mitgefühl und für ihre stille Entschlossenheit, anderen ebenso viel zu bieten, wie sie selbst von ihnen braucht.

13. Heimliches Bedürfnis nach größerer Eigenständigkeit:

Trotz ihrer Sehnsucht nach emotionaler Nähe gibt es in S.s Persönlichkeit auch verborgene, stärker individualistische Züge, die, wenn sie einmal zum Vorschein kommen, äußerst störend und überraschend sein können – wo sie doch sonst immer so sympathisch ist. es ist, als würde sie sich plötzlich ihrer großen Abhängigkeit von anderen bewusst und versuchte, sich loszureißen, um sich von der Last ihrer Gefühle zu befreien. Zu solchen Zeiten kann sie äußerst reizbar, aggressiv und rücksichtslos sein und stark dazu neigen, die geordneten Abläufe in ihrer Umgebung durcheinanderzubringen. Diese rebellischen Anfälle hinterlassen vermutlich beträchtliche Ängste bei ihr, und S. wird anschließend ungewöhnlich verletzbar und sicherheitsbedürftig sein. Wenn sie älter wird, beginnt sie vielleicht allmählich, diese unberechenbare und störende Seite ihrer Persönlichkeit zu fürchten, weil sie sie den Menschen, die sie liebt, entfremden könnte – obwohl ein etwas größeres Gefühl der Getrenntheit und Eigenständigkeit genau das ist, was sie am meisten braucht. Verstrickt sie sich zu sehr in die emotionalen Bande zu anderen und entwickelt sie ihre eigene Individualität nicht genügend, so wird ein machtvolles Freiheitsbedürfnis zutage treten. Dieser Impuls, sich zu befreien, ist in Wirklichkeit eine verborgene Stärke, die verstanden und integriert werden muss, denn auf diese Weise kann S. auch einmal die Einsamkeit ertragen und mit den unvermeidbaren emotionalen Trennungen zurechtkommen, die sich bei jedem Menschen während der Kindheit und auch während des ganzen Lebens immer wieder ereignen.

14. Selbstbehauptung oder Abhängigkeit:

Wenn S. auch liebevoll und verantwortungsbewusst ist, so ist sie doch keine Heilige. Sie besitzt eine außergewöhnlich mitfühlende, empfindsame und fürsorgliche Persönlichkeit. Doch obwohl in ihrem instinktiv einfühlsamen Eingehen auf die Bedürfnisse anderer sehr vieles von einer guten Mutter steckt, ist sie doch ein selbstmächtiges Individuum, das immer wieder einmal seine Flügel ausbreiten und dem Druck allzu großer emotionaler Abhängigkeit entfliehen muss. Sie zeigt eine ungewöhnliche seelische Offenheit, und daher spürt sie oft die unbewussten emotionalen Stimmungen der ganzen Familie und reagiert darauf. So muss sie sich regelmäßig von einer unsichtbaren Last befreien, die auch viele Erwachsene nur mit Mühe tragen könnten. Dann kann sie vorübergehend äußerst provozierend sein, Wutanfälle inszenieren, aggressiv, mutwillig und widerspenstig sein und ganz allgemein all die Wut und Frustration ausagieren, die sich in ihr anstaut, weil sie vieles allzu früh sehen und fühlen muss. Sie hat alles Recht dazu, egoistischer und selbstbezogener zu sein und von Zeit zu Zeit ihre körperlichen, geistigen und emotionalen Muskeln spielen zu lassen. Je besser ihr heimliches Freiheits- und Unabhängigkeitsbedürfnis verstanden und durch Freundlichkeit und Liebe unterstützt wird, desto ausgeglichener wird ihre Persönlichkeit im Laufe ihrer Entwicklung werden. Dann ist es auch weitaus weniger wahrscheinlich, dass sie sich als Erwachsene für andere aufopfert, um die engen Beziehungen zu bewahren, die ihr so viel bedeuten.

III. Emotionale Bedürfnisse und Beziehungen:

1. Bleibt nah bei mir!

Ganz im Einklang mit ihrer zutiefst humanitären Grundhaltung, ist das größte Bedürfnis von S. in ihren Beziehungen zu anderen Menschen, sich mit ihnen emotional vereint zu fühlen. Ihr Verlangen danach, sich emotional gebunden und sicher zu fühlen, ist so groß, dass sie zu wirklich theatralischem Schmollen und bühnenreifen Wutanfällen fähig ist, wenn sie sich isoliert fühlt oder die elterliche Zuneigung mit Geschwistern teilen muss. S. ist im emotionalen Bereich äußerst aufnahmebereit und feinfühlig. Sie stellt ihre Beziehungen zu den Menschen, die sie liebt, durch ein zartes Gewebe nonverbaler Zeichen und Signale her, dass ohne Unterlass emotionale Botschaften übermittelt und aufnimmt. Eine heitere, angenehme Atmosphäre, liebevolle Blicke und Gesten, eine sanfte Tonlage und eine bejahende Körpersprache sind weitaus wichtiger als Worte, um Kontakt zu halten. Sie wird immer versuchen, die unausgesprochenen Zeichen zu lesen, die ihr zu verstehen geben, dass sie willkommen ist und gebraucht wird. Abstand und Distanziertheit in Beziehungen sind verletzend und bedrohlich für sie, und wahrscheinlich braucht sie viel emotionale Bestätigung, auch wenn sie dies kaum offen einfordern wird. Eher wird sie versuchen, die Bedürfnisse der anderen zu erspüren und sich ihnen zu nähern, indem sie auf deren Gefühle eingeht und hofft, dass sich der gleiche Vorgang auch bei ihnen abspielt. Sie braucht auch Treue und das Gefühl, beschützt zu werden, und gerade dies wird sie auch jedem Menschen anbieten, an dem ihr gelegen ist. Das sanfte und mitfühlende emotionale Wesen S.s könnte weitaus intensiver und zäher sein, als sie erkennen lässt. Hinter ihrer Bereitschaft, anderen entgegenzukommen und ihren

Bedürfnissen zu entsprechen, könnte sich die feste Entschlossenheit verbergen, alle Zuwendung geliebter Menschen ausschließlich für sich zu beanspruchen. Sie ist durchaus in der Lage, sich höchst manipulativer Taktiken zu bedienen, wenn sie sich zurückgewiesen oder übersehen fühlt, und neigt dazu, jeder wichtigen Beziehung mit Hilfe ihrer starken Phantasie etwas höchst Dramatisches zu verleihen. Lieber lässt sie die Eltern glauben, sie befinde sich aufgrund einer schweren Krankheit an der Schwelle zum Tode, als unter ihrer Kälte oder Teilnahmslosigkeit zu leiden. Sie ist auch recht besitzergreifend in Bezug auf die Menschen, an denen ihr gelegen ist, und wahrscheinlich kommt es zu heftigen – wenn auch nicht unbedingt offen ausgetragenen – Konkurrenzkämpfen mit den Geschwistern um die Zuneigung der Eltern. Und wehe dem Busenfreund, der sich irgendwie untreu zeigt! Wie distanziert sie sich oberflächlich auch geben mag, ihre reiche Phantasie und ihr intensives emotionales Wesen verlangen, dass Liebe etwas Tiefes, Dramatisches und Absolutes ist. Vor allem braucht S. das Gefühl emotionaler Zusammengehörigkeit, und sie wird immer versuchen, das magische Erlebnis des Einsseins mit den Menschen zu erfahren, die sie liebt und braucht. Natürlich kann niemand für unbegrenzte Zeit mit einem anderen Menschen verschmolzen bleiben, denn es liegt in der Natur des Menschen, Getrenntheit ebenso zu brauchen wie Nähe. Auch S. braucht gelegentlich den Freiraum, ihren eigenen Gedanken nachzugehen und sich in ihrer eigenen Identität zu bestimmen, obwohl sie diese Freiheit wahrscheinlich eher für sich selbst in Anspruch nehmen wird, als sie den Menschen zuzugestehen, die sie liebt. Doch ihr zutiefst mitfühlendes emotionales Wesen verleiht ihr die Weisheit, zwischen dem subtilen, aber sehr realen Gefühl eines gegenseitigen Austausches und jener demonstrativ pflichtbewussten Selbstaufopferung zu unterscheiden, die oft für Liebe gehalten. Ein solcher gegenseitiger Austausch kann nicht künstlich durch praktische Gesten oder verbale Liebeserklärungen hergestellt werden, hinter denen sich eigentlich Kälte und Desinteresse verbirgt. Ihr instinktiv weises Herz wird echte Liebe immer erkennen und darauf reagieren – auch wenn sie nicht rund um die Uhr zu haben ist.

2. Der Vater als ein Freigeist:

S. erlebt ihren Vater als die Verkörperung eines unkonventionellen und unabhängigen Geistes – selbst dann, wenn sich der Vater zuweilen alles andere als frei und unabhängig fühlt. Durch die Beziehung versucht S. instinktiv, ein archetypisches Bild von Männlichkeit als einer Kraft zu kreativem Denken und positiven Entscheidungen zu verinnerlichen. Wenn sie bei ihrem Vater genug von diesem unabhängigen Geist finden kann, wird sie mit der Zeit selbst ein gesundes Maß an originellem Denken entwickeln und sich später im Leben auch von intellektuell lebhaften und interessanten Männern angezogen fühlen. Natürlich ist kein Vater ein reiner Archetyp, und vielleicht kann S.s Vater aufgrund von beruflichen Zwängen oder Konflikten innerhalb der Familie seine Unabhängigkeit nur durch Abwesenheit oder sporadisch auftretende Reizbarkeit äußern. Doch der Vater muss kein Genie oder Revolutionär sein, um den Vorstellungen seiner Tochter zu entsprechen. S. muss nur so viel wie möglich über die Denkweise ihres Vaters und über die Ideen lernen können, die zu einer bestimmten Vorgehensweise führen. Deshalb wäre es sehr ratsam, dass der Vater möglichst viel mit seiner Tochter kommuniziert, seine ungewöhnlichsten Ideen mit ihr teilt und sich stark genug zeigt, eigene Ansichten zu vertreten, auch wenn sie nicht immer mit denen der Gemeinschaft oder anderer Familienmitglieder übereinstimmen. Unbegründete, plötzliche Rückzüge oder Abwesenheiten mögen eine gewisse Unabhängigkeit zum Ausdruck bringen. Doch S. wird nicht verstehen, warum ihr Vater sich – sei es körperlich oder emotional – von ihr entfernt hat, und solange der Vater nicht bereit ist, in einen Dialog mit ihr zu treten, wird es S. um so schwerer fallen, sich die positive Seite solcher Erfahrungen zu eigen zu machen. Die geistige Ebene dieser Beziehung ist überaus wichtig, vor allem als ein Bereich, in dem Vater und Tochter gemeinsam die Welt der Ideen erforschen können, während S. heranwächst. Deshalb wäre es sehr hilfreich, wenn sich der Vater für ihre Bildung und Erziehung interessieren würde. Was sie eigentlich von ihrem Vater braucht, ist Freundschaft im tiefsten Sinn des Wortes – eine Verbindung, die nicht von einem Gefühl der Schuld und gegenseitigen Verpflichtung getragen ist, sondern auf einem wirklich weit gefassten gegenseitigen Interesse fußt und davon lebt, dass beide sich gegenseitig inspirieren. S. erwartet von ihrem Vater auch das Gefühl, dass es möglich ist, erfinderisch und originell zu sein und sich unabhängig genug zu fühlen, um das eigene Leben zu verändern, auch wenn andere dies missbilligen. Konflikte zwischen den Eltern sollten nie als Rechtfertigung dafür dienen, die Beziehung zwischen Vater und Tochter zu stören. Auch wenn schwierige Umstände eine Trennung unvermeidbar machen, kommt es vor allem auf die Qualität der Zeit an, die die beiden miteinander verbringen und während der ein offener und ehrlicher Austausch unbedingt gefördert werden sollte. S. ist wahrscheinlich sehr neugierig in Bezug auf ihren Vater und will alles über ihn wissen – wer er ist, was er denkt, und warum er sich so verhält, wie er es tut. Das gilt vor allem, wenn die Kontinuität der Beziehung durch Abwesenheiten gestört wird und ihre Neugier auch Zeichen der Befürchtung trägt, ihn zu verlieren. All diese Dinge sollte die Tochter direkt von ihrem Vater erfahren und nicht von anderen Familienmitgliedern, die möglicherweise aus einem bestimmten Kummer heraus ihre eigene, emotionale Sichtweise äußern. S. will keinen perfekten Vater, und sie braucht auch keinen; doch sie erwartet von ihm Ehrlichkeit, Freundschaft und Aufgeschlossenheit. Wenn man sich etwas Mühe gibt, ihr dies zu bieten, werden beide, Vater und Tochter, von einer aufregenden und inspirierenden Beziehung profitieren.

3. Die Mutter als Quelle emotionaler Macht und Tiefe:

S. sieht ihre Mutter als eine Gestalt, die über große emotionale Macht und Tiefe verfügt. Das Bild grenzt ans Märchenhafte, denn die Tochter sieht geheimnisvolle verborgene Tiefen in ihrer Mutter, die sie faszinieren und vielleicht auch ein wenig ängstigen. Es spielt keine Rolle, ob sich die Mutter müde, gestresst und alles andere als tiefgründig und mächtig fühlt, denn die Tochter nimmt sie nicht einfach als Mutter, sondern als ein geheimnisvolles und zauberhaftes Wesen wahr, und sie wird versuchen, mit einer Mischung aus fester Treue, Ehrfurcht und auch ein bisschen Angst auf ihre emotionalen Bedürfnisse einzugehen. Auf der tiefsten Ebene wünscht S. sich, dass ihre Mutter vielschichtig, subtil und unbegreiflich ist. Das Reich des Emotionalen, das die Tochter gemeinsam mit ihrer Mutter erforschen will, hat nichts mit jener Art von oberflächlichem emotionalem Austausch zu tun, bei dem man sich gegenseitig einen angenehmen Tag oder ähnliches wünscht. S. ist sehr aufmerksam und weiß, dass die Menschen viel komplizierter sind, als es den Anschein haben mag. Je größer die emotionale Aufrichtigkeit zwischen Mutter und Tochter ist und je besser ihre Mutter in der Lage ist, ihre eigenen wirklichen Gefühle zu akzeptieren und zu äußern – auch wenn diese intensiv oder von einem konventionellen Standpunkt aus betrachtet nicht annehmbar sind -, desto besser wird S. den Wert ihrer eigenen tieferen Gefühle verstehen können. Das wird ihr eine vernünftige und gesunde Selbsteinschätzung ermöglichen, so dass sie tolerant und einfühlsam gegenüber der ganzen Bandbreite menschlicher Emotionen ins Leben hinaustreten kann. S. ist äußerst empfänglich für das verborgene emotionale Leben ihrer Mutter und erspürt vielleicht mehr, als der Mutter selbst bewusst ist. Wollte man dunkle Familiengeheimnisse vor S. verbergen, so könnte das sehr verletzend für sie sein und sie verunsichern, denn sie wird es wissen, wenn ihre Mutter sie zu täuschen versucht – selbst wenn es keine absichtliche Täuschung ist. Auch den unterdrückten Zorn oder Ärger der Mutter wird sie so deutlich erkennen, als hörte sie im Radio davon, und dann könnte sie sehr ängstlich werden. S. fürchtet sich nicht vor den Tiefen ihrer Mutter – nur vor ihrem Schweigen und ihrer Weigerung, ihre Gefühle zu äußern. Das Mädchen braucht keine Mutter, die immer nett, gütig und zuvorkommend ist. S. liebt und bewundert ihre Mutter, weil sie geheimnisvoll ist und vielfältige, tief empfundene Gefühle hat – auch wenn diese Gefühle zuweilen sehr roh sein mögen. Doch jegliche emotionale Manipulation – z.B. ein drückendes Schweigen als Strafe für irgendeinen Fehltritt – kann eine höchst unnötige Bedrohung für S. darstellen. Sie sieht in ihrer Mutter auch eine emotional starke Frau, die keineswegs ein hilfloses Opfer ihrer Lebensumstände ist. Ein demonstratives Martyrium ihrer Mutter, das sie als Verstellung erkennt, würde S. zutiefst verwirren. Diese seltene und besondere Verbindung aufgrund einer tiefen emotionalen Affinität von Mutter und Tochter kann für beide sehr heilsam sein, und beide können hier Verständnis und Anteilnahme finden. Deshalb muss sich diese Beziehung im hellen Licht bewusster Ehrlichkeit abspielen und darf nicht in das Schattenreich des Unbewussten abgedrängt werden. Mit ihrer Hilfe kann S. entdecken, dass ihre eigenen starken Emotionen und Leidenschaften einen reichen, wertvollen Teil ihres Lebens als Frau darstellen.

IV. Ängste und Unsicherheiten:

1. Die Angst vor Einsamkeit:

Gemäß der Tatsache, dass andere Menschen für ihre Entwicklung eine wesentliche Rolle spielen, hat S. auch das starke Bedürfnis, anderen nahe zu sein. Ihre Sehnsucht danach, sich mit den Menschen verschmolzen zu fühlen, die sie liebt, ist eines der stärksten Motive ihres Charakters. Doch instinktiv weiß sie auch, dass eine solche tiefe Abhängigkeit von anderen ihren Preis hat. Denn wenn wir uns auf die Gefühle, Bedürfnisse und Konflikte anderer einlassen, besteht immer auch die Gefahr, davon überwältigt zu werden. Dieses fundamentale menschliche Dilemma ist für viele Erwachsene eine große Herausforderung, vor der auch S. während ihrer Kindheit und während ihres ganzen Erwachsenenlebens immer wieder stehen wird. In jungen Jahren wird ihr ihre Empfänglichkeit für die seelische Stimmung um sie her das für sie so wichtige Gefühl geben, zutiefst mit anderen verbunden zu sein. Doch wenn sie älter wird, beginnt sie diese unbewusste Aufgeschlossenheit vielleicht zu fürchten, weil es ihr zusehends schwerer fallen wird, ihre eigenen Gefühle von denen geliebter Menschen zu trennen. So könnte sie sehr ängstlich werden, wenn sie starke emotionale Konflikte in ihrer häuslichen Umgebung spürt. Es fällt ihr schwer, solche unausgesprochenen Dinge von ihren eigenen, sehr lebhaften Phantasien zu unterscheiden, doch ebenso schwer fällt es ihr, sich emotional zu distanzieren, um sich auf diese Weise zu schützen. Während sie heranwächst, könnte S. instinktiv bestimmte Verteidigungsmechanismen entwickeln, mit denen sie ihre Angst davor im Zaum halten will, von dem Chaos kollektiver Emotionen überschwemmt zu werden. Vielleicht will sie ihre Angst vor starken

Emotionen durch die Sicherheit der Identifikation mit einer Gruppe beschwichtigen. Indem sie versucht, genauso zu werden wie alle anderen auch, will sie dem unangenehmen Gefühl entgehen, mit ihrer extremen Empfänglichkeit für seelische Strömungen irgendwie eigenartig oder seltsam zu sein. Vielleicht versucht sie auch, sich durch eine Flucht in die Welt des Verstandes von ihren Gefühlen loszulösen, entwickelt eine etwas frühreife rationale Einstellung zum Leben und benutzt häufig etwas allzu ausgiebige Gespräche dazu, ihre Gefühle im Zaum zu halten. So werden andere Menschen für sie nicht nur zu einem Schutz gegen beängstigende Isoliertheit, sondern auch dagegen, von emotionalen Kräften überwältigt zu werden, die sie nicht verstehen kann. S. neigt auch dazu, die emotionalen Probleme anderer viel zu persönlich zu nehmen – vielleicht glaubt sie, dass jeder verborgene Konflikt und jede emotional geladene Stimmung in ihrer Nähe absichtlich auf sie gerichtet ist und ihr zeigen soll, dass sie nicht liebenswürdig ist. Schon das leiseste Anzeichen einer Ablehnung kann sie zutiefst verletzen, und vielleicht gibt sie sich ohne erkennbaren Grund düsteren Vorstellungen hin, unerwünscht zu sein oder im Stich gelassen zu werden. Ihre emotionale Welt könnte insgeheim von großer Traurigkeit und der Erwartung von Schmerz und Leid durchdrungen sein. Möglicherweise ist sie davon überzeugt, dass jede Beziehung zu einem anderen Menschen unweigerlich zu Verletzungen führen wird. Die Eltern sollten erkennen, dass S. manchmal alles durch eine sehr dunkle Brille sieht, von anderen eher Ablehnung als Liebe erwartet und Schwierigkeiten damit hat, ihre Gefühle spontan zu äußern. Ihr Misstrauen könnte sich durch unterdrücktes Leid in der Familie noch verstärken, mit dem sie sich wahrscheinlich identifiziert und von dem sie annimmt, dass es ein Abbild ihrer eigenen zukünftigen emotionalen Welt darstellt. Von den Menschen, die sie liebt, wird sie sehr viel echte Wärme und emotionale

Sicherheit brauchen, um über dies eingebildeten Unglückserwartungen hinwegzukommen.

2. Lernen, ein Einzelwesen zu sein:

Mit Hilfe dieser höchst persönlichen Verteidigungsmechanismen versucht S., eine ganz allgemeine menschliche Herausforderung zu bewältigen – den potentiellen Verlust des eigenen Selbst, der mit jedem tiefen emotionalen Bedürfnis nach einem anderen Menschen einhergeht. Es könnte sehr hilfreich für die Eltern sein, sich eingehender mit ihrer eigenen Haltung zu emotionaler Nähe und Getrenntheit zu befassen, denn möglicherweise ist dieses archetypische Dilemma schon lange vor S.s Geburt über viele Generationen hinweg immer wieder in der Familie aufgetreten. Das Leben bietet uns allen bestimmte Herausforderungen, und S. hat es mit einem ganz grundlegenden Problem zu tun – mit dem Versuch, ihr starkes Bedürfnis nach anderen mit ihrem ebenso wichtigen und berechtigten Bedürfnis nach einer klar abgegrenzten, unabhängigen Identität zu vereinbaren. In einer Familie, die Wert auf emotionale Nähe untereinander legt, kann Intimität manchmal auch Zudringlichkeit bedeuten – und in einer Familie, in der die persönlichen Werte und Grenzen jeden Einzelnen wichtig sind, kann Getrenntheit manchmal auch Gleichgültigkeit bedeuten. Instinktiv ist sich S. dieser Extreme bewusst, und deshalb wird sie während ihrer ganzen Kindheit nach einem Mittelweg suchen, auf dem sie sich sicher fühlen kann. Vor allem sollte man ihre Empfänglichkeit für die Gefühle, Bedürfnisse und inneren Konflikte anderer nie unterschätzen. Wie wohlgehütet sie auch sein mögen, sie wird Familiengeheimnisse auskundschaften – wenn auch nicht so sehr auf der Tatsachenebene als vielmehr im Bereich des Emotionalen. Hat sich im Umfeld der Familie irgendwann einmal eine Tragödie ereignet, so wird sie ihre beunruhigende Gegenwart spüren und sich dann vielleicht fragen, warum sie so große Traurigkeit in Bezug auf das Leben empfindet. Bestimmte Gefühle – verschütteter Schmerz über den Verlust eines früheren Kindes, unterdrückte Wut auf den Partner oder die Partnerin – kann S.s inneres Auge nur allzu deutlich wahrnehmen; und wie sehr man sich auch bemühen mag, sie vor ihr zu verbergen, sie wird weiterhin auf diese Energien reagieren, die für sie so real sind wie greifbare Gegenstände für andere Menschen. Ihre Vorstellungen und Befürchtungen sind sehr wichtig und sollten unbedingt geäußert werden, sobald sie in der Lage ist, sie in Worte zu fassen. Über diese Ängste und Phantasien sollte man sich keinesfalls lustig machen, sondern sie immer ernst nehmen; denn wie bizarr sie auch scheinbar sein mögen, auf einer subjektiven und symbolischen Ebene sind sie echt. S. besitzt eine unheimlich genaue Intuition, doch möglicherweise fehlt ihr das nötige Unterscheidungsvermögen, um ausmachen zu können, was zu ihr selbst gehört und was zu den Menschen in ihrer Nähe – ein Problem, mit dem viele Erwachsene nie fertig werden. Je mehr die Eltern über ihre eigenen Gefühle wissen, desto unwahrscheinlicher ist es, dass sie sie unabsichtlich mit unbewussten emotionalen Problemen belasten – und desto sicherer wird sie sich folglich fühlen. Sie ist mit einer großen Empfänglichkeit für die innere Welt gesegnet, und diese Gabe verdient es, mit allen erdenklichen Bemühungen unterstützt zu werden.

V. Ausblick auf die Zukunft:

1. Die grenzenlosen Weiten der Phantasie:

S. ist sehr phantasievoll, und obwohl sie sich vor allem mit Beziehungen zu anderen Menschen beschäftigt, ist ihr Verstand stets auch auf künftige Potentiale und Möglichkeiten eingestellt. Wahrscheinlich ist es besonders wichtig für sie, sich Wissen über alle möglichen, scheinbar zusammenhanglosen Dinge anzueignen. Außerdem wird sie versuchen, allem was sie studiert, eine individuelle Note zu verleihen. Da sie sich wahrscheinlich mehr für die größeren Zusammenhänge interessiert als für einzelne, spezialisierte Wissensgebiete, braucht sie eine schulische Umgebung, in der die Lehrer wissen, dass Musik und Mathematik manches gemeinsam haben und dass man Geschichte nicht studieren kann, ohne sich auch mit dem Wesen des Menschen zu befassen. Eine solche ganzheitliche und weitreichende Geisteshaltung könnte dazu führen, dass S. außergewöhnlich gut in Fächern ist, die sie inspirierend findet, während sie vielleicht weniger gut ist, wenn das Fach zu nüchtern oder der Lehrer zu einseitig ist. Auf die Inspiration kommt es an – sie braucht das Gefühl, dass ihr Verständnis mit dem Entdecken bedeutungsvoller Zusammenhänge zunimmt und sich vertieft, nicht, dass es unter allzu vielen Tatsachen, die sie sich einprägen muss, leidet. Einen großen Teil ihrer Zeit lebt sie in einer bunten Vorstellungswelt, und wahrscheinlich ist sie in allen Fächern sehr gut, die ihre Phantasie und ihre Gefühle anregen – Musik, Kunst, Kunstgeschichte, Literatur, Geschichte oder Sprachen. Ihre natürliche Ausdrucksweise ist bildhaft und hat wenig mit kalten, abstrakten Vorstellungen zu tun. Deshalb wird einiges von dem persönlichen Interesse und der Begeisterung ihrer Lehrer abhängen, die eine individuelle Beziehung zu ihr haben sollten, statt einfach nur ihr Fach zu unterrichten. Die Eltern sollten ihr sehr viel Wärme entgegenbringen und echtes Interesse für die Dinge zeigen, für die sie sich begeistern – das wird ihre besten Seiten zum Vorschein bringen. S. neigt zu einer etwas dramatischen Wahrnehmung des Lebens, so dass sie sich am liebsten kreativen Dingen zuwenden wird – vor allem der Kunst. Echtes Interesse der Eltern und persönliche Aufmerksamkeit der Lehrer sind überaus wichtig für sie, da sie äußerst empfänglich für die Gefühle anderer ist. Deshalb mag eine kleinere Bildungseinrichtung, in der kreativer Selbstausdruck gefördert und Wert auf Sprache, Theater, Literatur, Musik und bildende Künste gelegt wird, einer größeren Schule vorzuziehen sein, in der das Hauptgewicht auf akademischen Leistungen oder sozialer Interaktion liegt. Vor allem braucht sie Unterstützung bei ihrem Unternehmen, sich eine umfassendere Lebenseinstellung anzueignen. Wissen ist für sie ein wichtiges Mittel, um all die faszinierenden Verbindungen zwischen den verschiedenen Dimensionen des Lebens zu entdecken, denn für sie ist die ganze Welt in Wirklichkeit eine Bühne, und alle Menschen sind Schauspieler in diesem großen Theater. Wissen ohne Phantasie, Farbe und Aussicht auf künftige Möglichkeiten – mit anderen Worten, Tatsachen um ihrer selbst willen – werden für einen phantasiebegabten und forschenden Verstand nicht sehr verlockend sein. Selbst wenn sie die Naturwissenschaft bevorzugt, wird sie sich vermutlich einer experimentellen Richtung zuwenden, weil sie hier viel mehr offene Türen finden kann. S. hat ein ausgeprägtes intuitives Gespür dafür, wo ihre eigenen, individuellen Prioritäten liegen. Während ihrer Schulzeit wird sie am glücklichsten und produktivsten sein, wenn sie die Möglichkeit hat, auch zu spekulieren und zu träumen.

2. Auf der Suche nach dem großen Abenteuer

S.s Geist ist wie ein Vogel, der, wie schön und angenehm es zu Hause auch sein mag, früher oder später in die Lüfte entschwinden wird, um neuen, fernen Horizonten zuzustreben – sei es im Geiste oder körperlich. Welche Schwierigkeiten sie während ihrer Kindheit auch erleben mag und welche Ängste sie auch durchstehen und überwinden muss, auf der tiefsten Ebene hat sie eine unstillbare Sehnsucht danach, das Leben als ein großartiges und inspirierendes Abenteuer zu erfahren, bei dem alle Schwierigkeiten in Wirklichkeit Gelegenheiten sind und jede denkbare Zukunft besser ist als das Bisherige. Ihre angeborene Integrität und ihre Wertschätzung der Vernunft – die erst gegen Ende der Kindheit in ihrer ganzen Stärke hervortreten – werden dafür sorgen, dass sie andere fair und anständig behandelt. Trotz irgendwelcher – eigener oder fremder – Versuche, sie an einen bestimmten Ort zu binden oder auf bestimmte Wertvorstellungen zu verpflichten, wird sie unablässig danach streben, ihre Weltanschauung durch immer neues Wissen und möglichst vielfältige Erfahrungen zu erweitern. Diese Suche wird sie schließlich zu einer zutiefst philosophischen Lebensanschauung und fest gegründeten Idealen führen. Sie wird das Leben nie einfach als gegeben hinnehmen, sondern immer versuchen, jeden Menschen und jede Situation, der sie begegnet, aus einer möglichst umfassenden Perspektive zu verstehen. Wenn es nur eine Erkenntnis gäbe, die ihre Eltern in Bezug auf S. zu ihrem eigenen Vorteil gewinnen sollten, so wäre es die, dass ihre ständig sich erweiternde Vorstellung vom Leben es ihr nie erlauben wird, sich einfach nur damit zufriedenzugeben, wie die Dinge sind oder schon immer waren. Auch tiefen emotionalen Bindungen und Sicherheitsbedürfnissen zum Trotz wird ihr Drang zu lernen, zu reisen und das Leben zu verstehen sie immer in Bewegung halten – und wenn andere sich weigern, sie auf ihrer inneren Reise zu begleiten, wird sie diese Menschen schließlich zurücklassen müssen. Um in einem Beruf oder bei einer Berufung Erfüllung zu finden, sollte es ihr die eingeschlagene Richtung erlauben, ihre Horizonte sowohl geistig als auch körperlich immer wieder zu erweitern, denn sobald sie ein bestimmtes Ziel erreicht, wird sie sich instinktiv nach einem neuen umsehen. S. ist eine wirklich unerschrockene Forscherin – es bleibt nur zu hoffen, dass die Menschen, die sie lieben, nie auf ihren Zukunftsträumen herum trampeln werden.

Printed by Books on Demand GmbH, Norderstedt / Germany